NOTES

SUR

L'ARTILLERIE

DICTÉES PAR NAPOLÉON

A SAINTE-HÉLÈNE

AU BARON GOURGAUD

Extrait de la *Revue d'artillerie*
(Juin 1897)

BERGER-LEVRAULT & Cie, LIBRAIRES-ÉDITEURS

PARIS
5, RUE DES BEAUX-ARTS

NANCY
18, RUE DES GLACIS

1897

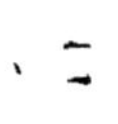

NOTES

SUR

L'ARTILLERIE

DICTÉES PAR NAPOLÉON

A SAINTE-HÉLÈNE

AU BARON GOURGAUD

Extrait de la *Revue d'artillerie*
(Juin 1897)

BERGER-LEVRAULT & Cie, LIBRAIRES-ÉDITEURS

PARIS
5, RUE DES BEAUX-ARTS

NANCY
18, RUE DES GLACIS

1897

NOTES SUR L'ARTILLERIE

DICTÉES PAR NAPOLÉON A SAINTE-HÉLÈNE

AU BARON GOURGAUD

Ces notes, entièrement inédites, nous ont été communiquées par M. le *vicomte de Grouchy* qui les a tirées d'archives de famille. Il serait superflu d'insister sur l'intérêt historique qui s'y attache. Recueillies au courant de la plume en vue d'une rédaction ultérieure qui n'a jamais eu lieu, ces notes sont dépourvues des apprêts de style dont on entoure les œuvres destinées à la publicité ; en un point même, relatif à un décompte numérique, leur extrême concision nuit quelque peu à la clarté. Il va sans dire que, malgré cette circonstance, nous en avons respectueusement conservé la forme originale, par crainte d'altérer le sens.

Nous remercions vivement M. de Grouchy pour l'amabilité qu'il a eue en mettant un tel document à la disposition de la *Revue*.

(*N. de la R.*)

L'unité de l'artillerie est la division : pour l'artillerie à cheval, six bouches à feu ; pour l'artillerie à pied, huit. Les officiers, sous-officiers et canonniers d'une compagnie sont suffisants pour son service.

Il serait préférable, si l'on n'était déterminé par les détails de l'artillerie, de former l'unité de quatre bouches à feu, parce qu'une batterie de huit pièces est déjà trop nombreuse pour ne pas être souvent divisée ; mais ce qui force à déterminer ainsi la division, c'est à cause des ouvriers, des rechanges, forges, etc. En ne composant l'unité que de quatre pièces, tout cela serait doublé ; la dépense ne serait pas compensée par l'avantage qu'on obtiendrait en ne formant l'unité que de quatre bouches à feu.

*
* *

On a, avec raison, supprimé le 8 et le 4. Gribeauval a simplifié et l'expérience a prouvé la nécessité de simplifier encore [1]. On a marché dans ce sens. Le 8 et le 4 étaient souvent employés à contre-sens : on consommait des munitions de 8, là où il eût été suffisant de brûler du 4. C'était une perte de 1 à 2, perte très considérable si l'on considère le transport, c'étaient deux coups au lieu d'un. Souvent on avait des pièces de 4, là où il aurait fallu du 8. Il n'est aucun officier de la ligne, pas même aucun officier d'artillerie qui puisse bien saisir l'à-propos et déterminer s'il convient de tirer du 8 ou du 4, et lors même que cette distinction pourrait se faire, on est obligé d'employer ce qu'on a sous la main. Un seul calibre est donc suffisant pour la guerre de campagne, alors il n'y a plus d'incertitude.

La pièce de 12, dans l'un et l'autre système, reste comme pièce de réserve et pour être employée avec préméditation, soit par les officiers généraux de la ligne, soit par ceux de l'artillerie.

L'obusier de 6 pouces est trop dispendieux : cela consomme autant qu'un boulet de 24. On y a substitué avec raison l'obusier de 5 pouces 6 ; cette légère différence de 6 lignes donne un grand avantage [2]. Le caisson contient 75 obus, tandis que celui de 6 pouces n'en contient que 50, et, en supposant que l'obus de 5 p. 6 l. soit inférieur à celui de 6 p., la question se réduit à savoir si l'on pré-

---

(1) Voir Note A, p. 14.
(2) Voir Note B, p. 16.

férerait dans une batterie avoir un obusier de 6 pouces pour deux de 5 p. 6 l.; mais l'obus de 5 p. 6 l. est par lui-même préférable à celui de 6 pouces. L'affût de Gribeauval était tout-à-fait fautif. On l'a corrigé avec raison: on a gagné cent pour cent dans le transport des munitions, et la légèreté donnée à l'affût et à la pièce; mais l'obusier est encore à perfectionner; il faudrait qu'il fût susceptible d'avoir une plus grande portée, ce qui pourrait s'obtenir en l'allongeant.

Il doit y avoir dans l'équipage de campagne deux espèces d'obusiers, l'un pour se combiner avec le 6 et l'autre pour se combiner avec le 12. Celui-ci doit avoir l'inconvénient d'être le plus lourd afin d'obtenir la plus grande portée possible par la chambre, la longueur de l'obusier, l'épaisseur du métal, etc. Tous ces inconvénients sont amplement compensés dans l'obusier de réserve par la propriété d'avoir la plus grande portée possible; les obusiers de campagne du camp de Boulogne avaient cet avantage.

Il est également nécessaire que les pièces de 12 soient susceptibles d'une plus grande portée que celles actuelles, non que l'on croye que des changements dans la pièce soient nécessaires, mais dans l'affût de manière qu'on puisse tirer sous un plus grand angle.

Les parcs devraient aussi avoir des grenades de 12 qui pèseraient ..... pour tirer avec le 12; il devrait entrer dans le chargement du caisson quelques-unes de ces grenades en place de mitraille [1].

Ceci est contraire au principe de Gribeauval, mais ce principe est faux. Il est mille circonstances à la guerre où il convient de tirer de très loin, soit d'une rive d'une grande rivière à l'autre, soit pour empêcher l'ennemi de camper et d'occuper une position que l'on ne peut battre que de loin; enfin, c'est un désavantage réel que celui de

---

[1] Voir Note C, p. 16

ne point battre l'ennemi quand il vous bat. C'est à l'instruction de l'officier d'artillerie de ne pas tirer inutilement, car on ne prétend en rien attaquer le principe fondamental que, dans les circonstances ordinaires, tirer de loin, c'est brûler des munitions et détruire ses effets.

Les pièces d'un calibre supérieur à celui de 12 sont fort inutiles. On a, avec raison, supprimé le 16 que les Prussiens et les Autrichiens traînent encore.

*
* *

Les officiers d'artillerie ont différé d'opinion sur la question de savoir s'il convenait que les huit pièces marchassent les premières, ayant leurs coffrets, et que les caissons suivissent après la huitième pièce, ou s'il fallait que le caisson suivît sa pièce.

Les anciennes ordonnances et la théorie veulent que toutes les bouches à feu de la batterie marchent les premières, afin de se mettre le plus promptement possible en batterie après le passage d'un défilé, pour commencer le feu et éteindre celui de l'ennemi ; avant que le coffret ne soit épuisé, les caissons viennent prendre leur place. Le feu successif après le passage d'un défilé peut, en effet, permettre à l'ennemi de démonter les premières pièces et lui donner momentanément une supériorité qui peut causer la perte de beaucoup d'hommes.

En général, les officiers d'artillerie préfèrent que chaque caisson suive sa pièce. Ils craignent que ce caisson ne se trompe et ne s'égare au milieu des embarras et circonstances d'une bataille. Ils sentent le besoin de se donner toutes les sûretés possibles pour que ce caisson ne s'éloigne pas de la pièce et ils n'en trouvent le moyen que de mettre le caisson toujours sous les yeux du chef de pièce.

Un coffret, ne contenant que quinze coups de 6 et six coups d'obus, est un bien léger approvisionnement.

L'on pense que les caissons d'une division doivent suivre les pièces, car on voit trop d'inconvénients à se présenter au débouché d'un défilé, en n'engageant le feu que successivement.

Deux mulets de bât, portant deux caisses de 12 ou 15 coups de 6 chacune, ou ... d'obus, peuvent suivre la pièce sans occasionner d'embarras ni retarder le mouvement des autres. Chaque pièce de 6 se trouverait ainsi assurée de 60 coups avec le coffret, avant l'arrivée du caisson.

Les avantages d'avoir deux mulets de bât par pièce ou obusier sont nombreux. L'approvisionnement du 6 serait alors porté à 200 coups, et, ce, avec un seul caisson. Le caisson pourrait se tenir éloigné du feu, et l'on ne serait pas autant exposé aux accidents qui mettent le désordre dans une batterie ; on s'épargnerait la perte de beaucoup d'hommes et de chevaux. Chaque mulet portant 24 coups, on n'entamerait jamais le coffret qui resterait, comme il doit être, pour le moment de retraite et la dernière ressource. L'artificier viendrait prendre les munitions à un des mulets à portée de la pièce, mais hors de la direction des feux de la batterie ennemie; l'autre mulet serait plus loin en arrière. Ces mulets pourraient faire la navette, déposer les caisses et aller au caisson prendre de nouvelles caisses, ce qui exigerait alors que les caissons fussent chargés avec des caisses toutes étoupées. Ce serait un avantage pour l'artillerie et pour l'armée, de tenir les caissons loin du feu, au delà des fossés, ravins ou petits défilés, ce qui rendrait l'armée beaucoup plus leste dans ses mouvements et sur le champ de bataille. Ce serait inappréciable pour les retraites, puisqu'aussi tôt qu'on se serait assuré des 60 coups, le caisson pourrait battre en retraite 4 ou 5 heures avant la fin de la journée.

Chaque division devrait aussi avoir 4 chevaux ou mulets chargés de cartouches d'infanterie, afin d'en pouvoir envoyer aux tirailleurs, sans emmener les caissons. Les lieux où il se consommera le plus de munitions d'infanterie sont les bois, les monticules, où les caissons ne peuvent arriver et où les chevaux de bât sont d'un grand secours.

Souvent même dans des plaines, le caisson a beaucoup de difficultés ; on ne peut pas aller, pour peu que la terre soit grasse, et lorsque, après beaucoup d'efforts, les canonniers y mènent leurs pièces, il est avantageux de ne pas fatiguer les chevaux des caissons. Plus on a fait la guerre, plus on comprend l'utilité d'avoir ainsi le quart d'un approvisionnement porté à dos de mulet.

Les pièces de 24 pèsent près de 6 000 livres ; il est quelques fois difficile de les mettre en batterie, sous le feu de l'ennemi. L'idée qui a été émise d'avoir des pièces de 24 légères est bonne. Si l'on eût eu de ces pièces en Égypte, il est probable qu'on en aurait mené en Syrie, par terre. Il fut jugé impossible que le 24 traversât le désert de Catieh, et, si l'on eût eu quatre de ces pièces devant Acre, la ville aurait été prise dès le premier jour ; une caronade de 24, qui fut prise à Caiffa sur la grande chaloupe de Sidney Smith, fut mise en batterie ; ses effets étaient sans comparaison avec les pièces de 12, et, cependant, cette caronade ne se peut en rien comparer aux effets d'une pièce de 24. Pour toutes les places situées dans les pays montagneux, des pièces de gros calibres sont nécessaires et, dans telle position où l'on pourrait mener des pièces de 24 légères, il serait presque impossible d'y mener du 24 ordinaire.

Il ne faudrait pas conclure de ceci qu'il faudrait substituer le 24 court au 24 ordinaire, mais la pièce de 24 court doit être maintenue et perfectionnée, et les arsenaux doivent en avoir pour fournir aux besoins de circonstances extraordinaires.

On aurait tort de dire que l'on complique ainsi les équipages d'artillerie : c'est la différence des calibres qui fait la complication.

On a, avec raison, supprimé le 16. Le 12 est suffisant pour battre en ricochet, de plein fouet et pour la défense des places, et, quand la pièce de 16 aurait quelques avantages, ils ne seraient pas compensés par celui d'approvisionner une place avec les mêmes boulets qui servent à l'équipage de campagne. C'est par ce principe qu'on a très bien fait de supprimer l'obusier de 8 pouces. On doit également adapter aux places le 6, de sorte que l'artillerie n'aurait que quatre calibres, 6, 12, 24 et obusier de 5 p. 6 l. Par ce moyen on supprime quatre calibres.

Il faut ajouter des pièces de 3 pour l'équipage de montagne. En supprimant les pièces à la Rostaing, on évite des mulets qui ne valent pas la peine qu'ils donnent. Le minimum du calibre doit être le 3. On fait des pièces de 3 qui sont très légères et qui portent aussi loin que les pièces à la Rostaing.

*
* *

On a supprimé le mortier de 10 pouces et l'on a conservé celui de 12 et celui de 8 pouces.

Celui de 8 pouces, qui lance une bombe de 40 livres, est un excellent mortier : c'est le vrai mortier de siège.

Les mortiers de 6 pouces paraissent nécessaires et pour l'attaque et pour la défense des places. Ces mortiers, qui ne pèsent pas 100 livres, sont du plus grand effet dans les tranchées et chemins couverts. Un parc de campagne doit avoir à sa suite une vingtaine de ces mortiers, qui peuvent se tirer avec des obus de 5 p. 6 l., peuvent être utiles contre des redoutes, villages, et épargner les obusiers, dont le tir fatigue toujours les affûts.

La question du mortier de 12 pouces et de 10 pouces n'est pas encore décidée. Celui de 12 pouces lance une bombe de 150 livres et celui de 10 pouces seulement de 100 livres. Sous ce point de vue, celui de 12 doit avoir la préférence. Puisqu'on a celui de 8 pouces, il est utile d'avoir un mortier d'un plus grand effet, mais M. de Gribeauval avait réformé celui de 12 pouces et préféré celui de 10 pouces, parce qu'il pensait que le calibre de 8 ou 9 pouces est le plus favorable aux grandes portées. Les mortiers que l'on a coulés à Cadix avaient moins de 9 pouces. De nouvelles expériences sont encore nécessaires sur cet objet et, si elles confirment les anciennes, à savoir que les plus grandes portées soient entre 8 et 9, il faudrait alors réformer le mortier de 8 pouces pour y substituer des mortiers du nouveau calibre. Bien entendu que ce mortier serait à chambre cylindrique et à la Gomer et le plus léger possible pour les petites portées et à semelle pour les grandes.

On aurait ainsi trois mortiers : celui de 5 p. 6 l., celui du nouveau modèle entre 8 et 9 et celui de 12 pouces.

Une bombe du mortier entre 8 et 9 ne pèserait qu'une soixantaine de livres. Ce n'est pas un poids suffisant et cela laisserait sentir le manque d'effet d'une bombe de 12 pouces.

Les mortiers à très grande portée ne sont utiles que sur quelques points déterminés des côtes ou dans des places pour battre sur un point déterminé, car le tir en est si incertain, long et difficile, qu'il ne peut être d'aucun usage en tems ordinaire. C'est à l'occasion du bombardement de Cadix qu'on a fondu à Séville des mortiers qui allaient à 3000 toises. On en a armé les côtes de Flessingue, l'île d'Aix, Hyères, etc. Ces mortiers, joints aux installations faites aux affûts de côte pour qu'ils puissent tirer à 45°, ont été une défense suffisante pour chasser les Anglais toutes les fois qu'ils ont voulu mouiller dans la rade d'Hyères.

*
* *

Les batteries de campagne comprennent 2 obusiers par batterie, ce qui fait le quart pour les batteries à pied et le tiers pour celles à cheval.

Pour un équipage de 40 batteries, cela donne 80 obusiers. On s'est récrié sur cette grande quantité d'obusiers, et à tort. L'obusier de 5 p. 6 l. n'est pas plus dispendieux qu'une pièce de 8 et cette grande quantité d'obusiers est nécessaire pour débusquer l'ennemi des villages, raser des redoutes, etc. Frédéric II est le premier qui ait augmenté le nombre des obusiers. Si l'on fait le calcul d'un équipage d'artillerie de campagne, composé selon la proportion qui a eu lieu dans les dernières guerres avec le 6, le 12 et l'obusier de 5 p. 6 l., on trouvera une grande économie en le comparant à un équipage de même nombre de pièces selon Gribeauval.

*
* *

Une batterie de 6 pièces de 6 et de 2 obusiers de 5 p. 6 l. aurait en voitures : 8 pièces, 2 affûts, 1 forge, 1 prolonge, 6 caissons de 6 et 12 mulets, 4 caissons d'obus et 4 mulets ; total : 23 voitures, 121 chevaux, 1 541 coups à tirer et les mulets ([1]).

Il faudrait mettre un caisson et demi par pièce de 6, ce qui ferait 26 voitures, 130 chevaux, 1 576 coups à tirer.

Il y a donc 3 voitures de plus, 9 chevaux et 102 coups de 6 à tirer, mais 66 de moins d'obusier.

La pièce de 6 à dos de mulets aurait 196 coups et dans la seconde hypothèse, 211 ; l'obusier, 188 ou 155.

Le double approvisionnement donnerait dans la première hypothèse, 6 voitures de plus pour le 6 et 3 d'obusiers, total : 9, ce qui porterait le nombre des voitures à 31 et le nombre de coups par pièce de 6 à 324, par obusier à 300.

Dans la seconde hypothèse, le double approvisionnement exigerait 9 caissons de 6 et 4 d'obus, ce qui ferait 13 caissons et porterait le nombre des voitures à 39. Différence de caissons en plus dans la seconde hypothèse : 11. Les coups à tirer seraient, pour le 6, 406, et pour l'obusier, 310.

([1]) Voir Note D, p. 17.

La seconde hypothèse a donc 476 coups à tirer, mais elle emploie de plus 11 voitures et 64 chevaux ; or ces 64 chevaux porteraient 1500 coups de canon à dos de mulet, mais la proportion de 324 pour 6 et 300 pour obus est suffisante et forme juste un double approvisionnement.

En comparant une pièce de 12 dans l'hypothèse mulet, on a 136 coups, coffret 10, deux mulets, chacun 12, font 24. Total : 170 coups à tirer ; différence : 44 coups ou 3 chevaux. Au double approvisionnement, joignons deux caissons, on aura 306 coups ; dans la seconde hypothèse, ce serait 6 caissons, ce qui ferait 405 coups. En rédigeant, mettez mulets à bâts double approvisionnement : 5 mulets (3 en ligne et 2 pour le second, au parc) et des trois restants : 2 avec la pièce, 1 à la réserve de la division ; les 2 du double approvisionnement seraient avec le parc général.

*
* *

On doit compter aussi dans chaque division d'artillerie 2 caissons d'infanterie [1], afin que, partout où il y a un officier d'artillerie, il y ait des cartouches et, je crois, aussi deux mulets portant 6000 cartouches. Une division étant supposée avoir 3 batteries, cela ferait la valeur de 7 caissons, ou 108000 cartouches ; comme cette division est supposée de 12 bataillons avec 36 mulets ou 108000 cartouches, la division aurait donc 216000 cartouches, ce qui pour 8000 fantassins ferait 27 cartouches par homme.

On suppose l'armée au complet. La compagnie est de 136 ; mais en ôtant 3 officiers, 2 tambours, 2 sapeurs, 1 musicien, il reste 128. En ôtant le quinzième pour différence de l'effectif au présent, il reste 120 présents, ce qui, pour 6 compagnies, fera 720 fusiliers. En n'en ôtant que le quinzième, on suppose le commencement de la

---

[1] Voir Note E, p. 18.

campagne, car, après quelques engagements et quelques marches, la différence sera bien plus considérable.

Les 3 mulets du bataillon porteront 9 000 cartouches ou 12 cartouches par homme. En mettant avec la division de l'armée un demi-caisson par bataillon, on aura 7 500 cartouches ou 10 cartouches par homme. En mettant par bataillon à la division un demi-mulet de bât, on aura encore 2 cartouches par homme, total, 24, ce qui, pour une division de 12 bataillons, exige 12 caissons et 6 mulets. Ces caissons seront : 2 avec la réserve de chaque batterie et 1 mulet, et 6 avec le parc de la division et 3 mulets.

Un demi-caisson, ou 11 cartouches par homme, sera avec le parc de corps d'armée ; un demi-mulet par bataillon avec le même parc (ce qui fait 2 cartouches par homme), ce qui fera donc pour la division, avec le parc du corps d'armée, 12 caissons et 6 mulets.

Un demi-caisson avec le parc de l'armée et un demi-mulet : en tout 13 cartouches par homme. Un demi-caisson, ou 22 cartouches attelées sur voitures de réquisition ou en dépôt dans l'enceinte de l'armée, à une ou deux marches. Ces munitions seront en caisses. Une autre valeur de demi-caisson en caisses, mais non sur des voitures. Ainsi chaque bataillon aura :

Un caisson et demi et 6 mulets attelés au corps, à la division, ou au parc de corps et au parc général.

Un caisson dans des caisses à portée de l'armée.

Cela fera 40 000 cartouches attelées ou sur mulets, 15 000 en dépôt. Les 40 000 attelées feront de 40 à 50 cartouches par homme ; les 15 000 non attelées feront de 20 à 25 cartouches ; total : 70 à 75 cartouches par homme dans l'arrondissement de l'armée, 25 cartouches dans les places de dépôt en seconde ligne, à moins de 5 marches de l'armée.

Un bataillon aura donc 6 mulets, dont 3 au corps et 3 à l'artillerie, 2 caissons dont un et demi attelé.

Ainsi une division de 12 bataillons aura 6 caissons au

parc de la division et 6 mulets ; 6 caissons et 6 mulets au parc du corps d'armée ; 6 caissons et 6 mulets au parc général. Total : 18 caissons, 18 mulets et, en outre, 36 mulets avec les corps et appartenant aux corps, cela fera 270 000 cartouches attelées, 18 000 sur les mulets de parc, 36 000 sur les mulets des corps, total, 324 000 cartouches, ce qui, pour 8000 fantassins, fait 40 cartouches par homme, et la valeur de 24 caissons sur les derrières de l'armée, à moins de 5 journées de marche.

Il faudrait donc mettre sur ces voitures 2 caissons par bataillon. Supposez 80 000 hommes d'infanterie, ou 100 bataillons, il faudrait 200 caissons d'infanterie, dont 150 seulement attelés, ce qui n'exigerait que 750 chevaux, sans compter les haut-le-pied et 180 mulets de bât et 360 appartenant aux corps. Cela ferait 1400 chevaux pour porter les cartouches, ce qui paraît être la moyenne.

ÉCLAIRCISSEMENTS.

Les quelques notes suivantes permettront au lecteur de s'orienter plus facilement au milieu des questions de matériel qui sont traitées ci-dessus.

Nous les devons à l'obligeance de M. le capitaine *de Reviers de Mauny*, dont les importants travaux antérieurs ont fait ressortir la compétence toute spéciale en ce qui concerne l'histoire de notre arme.

(*N. de la R.*)

NOTE A.

Sur la composition du matériel de l'artillerie.

Depuis la seconde moitié du XVIe siècle, l'artillerie française n'employait plus que des canons tirant des boulets de 4, 8, 12, 24 ou 32 livres. Les tracés de ces bouches à feu, fixés pour la première fois en 1668, avaient été modifiés par l'ordonnance du 7 octobre 1732 qui ne conserva que les cinq premiers calibres.

Puis, après la guerre de Sept ans et à la suite d'essais comparatifs exécutés en 1764 à Strasbourg sous la direction de Gribeauval, le Ministre de la guerre avait décidé (19 décembre 1764) que les armées n'emmèneraient désormais en campagne que des canons de 12, de 8 et de 4, ainsi que quelques obusiers de 6 pouces de construction nouvelle. Les autres bouches à feu étaient réservées pour les sièges et pour l'armement des places. En outre, des tables de dimensions déterminèrent et rendirent uniforme pour tout le royaume le mode de construction des affûts et des voitures.

En 1774, il fut arrêté que les arsenaux contiendraient constamment prêt tout ce qui était nécessaire pour former 8 équipages de campagne et 3 équipages de siège complets. Ce matériel existait en 1792 lorsque la guerre commença ; il fut bientôt insuffisant et malgré l'activité quelque peu désordonnée qui couvrit le territoire national de manufactures, de fonderies et d'arsenaux improvisés, les armées françaises trouvèrent leurs principales ressources dans les prises faites sur l'ennemi. Ainsi, l'armée qui franchit les Alpes en avril 1796 ne possédait que 30 bouches à feu ; quelques mois plus tard elle en avait près de 1 200, dont 600 pièces de campagne. Or, les calibres usités dans les armées étrangères, autres que l'armée espagnole, étaient ceux de 3, de 6 et de 12 ; les canons français de 4 et de 8 ne pouvaient donc pas utiliser les munitions trouvées dans les places conquises. Aussi, dès la conclusion de la paix, une commission d'officiers d'artillerie fut-elle chargée d'étudier les perfectionnements dont le matériel de Gribeauval était susceptible. Sous l'énergique impulsion du premier Consul et grâce à l'activité du général Marmont, alors président du Comité de l'artillerie, les travaux de cette commission aboutirent à l'adoption, en l'an XI, d'un matériel très simplifié dont la construction commença aussitôt. Il ne devait plus y avoir que trois calibres : le 6, le 12 et le 24 ; tous les autres étaient relégués au service de la défense des places. Le canon de 24 court ou long était destiné aux sièges ; l'obusier de 24 ($5^{po}6^{li}$), les canons de 12 et de 6 devaient seuls accompagner les armées en campagne.

Par suite de circonstances complexes et multiples, le nouveau matériel ne fut que partiellement mis en service pendant les campagnes d'Autriche, de Prusse et de Pologne et ce fut seulement pour les campagnes de Russie (1812) et d'Allemagne (1813) que la Grande-Armée put être complètement dotée du matériel dont l'Empereur parle ici et qui fut perdu presque tout entier. En 1814, on dut glaner tout ce qui restait dans les magasins de France ; le 8 et le 4 reparurent et furent ultérieurement maintenus en service — surtout pour des raisons d'économie budgétaire.

NOTE B.

Sur l'origine des obusiers.

L'idée de placer sur un affût à roues une bouche à feu courte tirant presque horizontalement des bombes ou projectiles creux paraît avoir pris naissance en Hollande ou en Angleterre. La pièce reçut le nom d' « obus ». Elle fut mise en service dans presque toutes les armées européennes avant que les Français qui, cependant, en avaient pris deux exemplaires à la bataille de Fleurus s'en fussent préoccupés. En 1740, le maréchal de Belle-Isle, alors gouverneur de Metz, fit faire des expériences sur cette invention qui lui avait été présentée comme absolument nouvelle. Pour la campagne de Bohême, la Bavière fournit quelques-unes de ces bouches à feu à l'armée française ; elles servirent de modèle à celles que l'on construisit en 1743 à Douay et depuis lors les obusiers firent régulièrement partie des équipages d'artillerie de campagne.

NOTE C.

Sur le sens à attribuer au mot : Grenade.

Par ce nom, Napoléon a sans doute voulu désigner les obus pleins de balles de plomb inventés par Shrapnel et essayés en Angleterre dès 1803.

Un obusier anglais et deux caissons remplis de ces projectiles ayant été pris à la bataille d'Albuera (16 mai 1811), l'Empereur avait fait ordonner (lettre du 22 août 1811) au général Eblé, président intérimaire du Comité, de faire entreprendre des expériences pour déterminer le mode de chargement de ces obus à balles ; il attachait dès lors une grande importance à leur propriété d'éclater au bout de leur course et de porter au loin la mitraille.

NOTE D.

Au sujet des calculs de l'avant-dernier paragraphe.

L'Empereur calculait mentalement avec une extrême rapidité, mais arrondissait souvent les nombres. En outre, il dictait fort vite et celui qui avait tenu la plume devait, en mettant au net, vérifier les chiffres qu'il avait eu souvent quelque peine à saisir.

Pour l'évaluation des munitions portées par les voitures, l'Empereur paraît avoir admis ici les données suivantes :

Canon de 6 : 130 coups par caisson ; 15 par coffret d'affût ; 24 par mulet.

Obusier : 75 coups par caisson ; 5 par coffret d'affût ; 14 par mulet.

Les pièces étaient normalement attelées à 6, les autres voitures l'étaient soit à 6, soit à 4. Pour faciliter les calculs, l'Empereur comptait 5 chevaux par voiture de la batterie. (Voir *Correspondance militaire,* tome 10, p. 319.)

Cela posé, les nombres de l'avant-dernier paragraphe doivent, semble-t-il, être lus comme il suit :

Une batterie de 6 pièces de 6 et 2 obusiers de 5po6li [avec simple approvisionnement] aurait en voitures.... ; total : 23 voitures (sans la prolonge), 115 chevaux, 1 544 coups à tirer et 16 mulets.

Il faudrait mettre un caisson et demi par pièce de 6 (total : 9 caissons), ce qui ferait 26 voitures, 130 chevaux et 1 590 coups à tirer. Il y a donc, en plus, 3 voitures, 15 chevaux et 102 coups de 6 à tirer, mais, en moins, 16 mulets et 56 coups d'obusier.

La pièce de 6 à dos de mulet aurait 196 coups $\left(\text{exactement } \frac{1\,173}{6}\right)$ et, dans la seconde hypothèse, 212 $\left(\text{exactement } \frac{1\,275}{6}\right)$; l'obusier, avec munitions portées à dos de mulet, 185 $\left(\text{exactement } \frac{371}{2}\right)$ et, dans la seconde hypothèse, 157 $\left(\text{exactement } \frac{315}{2}\right)$.

[Pour avoir le double approvisionnement, il faudrait] dans la première hypothèse : 6 voitures de plus pour le 6 et 3 d'obusiers, total 9, — ce qui porterait le nombre des voitures à 32 et le nombre de coups par pièce de 6 à 196 + 130, soit 326 et par obusier

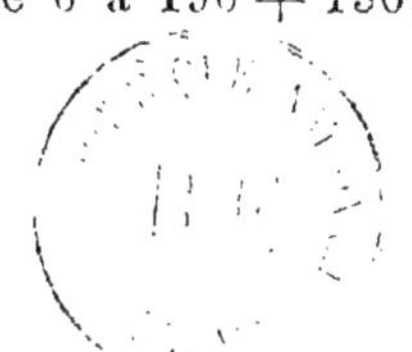

à $185 + \frac{3 \times 75}{2}$, soit 307. — Dans la seconde hypothèse, le double approvisionnement exigerait 9 caissons de 6, en plus, et 4 d'obus, — ce qui ferait 13 caissons et porterait le nombre des voitures à 39. [Le total des caissons de la batterie serait donc de 26 dans la seconde hypothèse, tandis que, dans la première, il est de 19]; la différence en plus dans la seconde hypothèse serait donc de 7 caissons. Le nombre de coups à tirer serait pour le 6 de $212 + 130 + \frac{130}{2}$, soit 407, et pour l'obusier de $157 + \frac{4 \times 75}{2}$, soit 307.

La seconde hypothèse a donc $(407 - 326) \times 6 = 486$ coups de plus au total, mais elle emploie de plus 7 voitures et 35 chevaux ; [or, si ces 35 chevaux étaient remplacés par le même nombre de mulets de bât], ils porteraient $35 \times 24 = 840$ coups de canon [soit $840 - 407 = 433$ coups en plus]. Mais la proportion de 326 coups pour le 6 et de 307 pour l'obusier [obtenue dans la première hypothèse] est suffisante et forme juste un double approvisionnement.

NOTE E.

Au sujet des calculs du dernier paragraphe.

La reconstitution de ces calculs est particulièrement ardue ; à première vue, bon nombre d'entre eux paraissent erronés et il semble qu'en les dictant l'Empereur ait suivi par la pensée le développement d'une hypothèse qu'il n'a pas exprimée.

Quoi qu'il en soit, la base des évaluations a, très vraisemblablement, été la suivante :

Caisson à munitions d'infanterie : 15 400 cartouches environ ; ce qui, le bataillon étant de 720 fusiliers, donne un peu plus de 21 cartouches par homme.

Mulet : 3 000 cartouches, soit 4 par homme pour le bataillon.

D'après cela, il semble que ce paragraphe devrait être lu comme il suit, à partir du troisième alinéa :

Les 3 mulets du bataillon porteront 9 000 cartouches, — soit 12 cartouches par homme. En mettant avec la division de l'armée un demi-caisson par bataillon, on aura 10 cartouches par homme, et, en ajoutant un demi-mulet par bataillon, c'est-à-dire, encore 2 cartouches par homme, cela fera 12, la division d'armée aura donc avec elle 24 cartouches par homme. Si elle comporte 12 bataillons, cela fera en tout, outre les 36 mulets des corps, 6 caissons et 6 mulets qui seront placés : 1 caisson et 1 mulet à la réserve de chacune des 3 batteries et 3 caissons et 3 mulets au parc de la division.

Avec le parc de corps d'armée, il y aura, par bataillon, un demi-caisson et un demi-mulet, ce qui fera en tout : 6 caissons et 6 mulets portant 13 cartouches par homme.

Autant avec le parc d'armée.

Un demi-caisson par bataillon ou 11 cartouches par homme, attelées, — sur voitures de réquisition....

Ainsi chaque bataillon aura : un caisson et demi et quatre mulets et demi attelés au corps.... cela fera 36 000 cartouches attelées ou sur mulet et 15 000 en dépôt.

Les 36 000 cartouches attelées feront 50 cartouches par homme ; les 15 000 non attelées feront 20 cartouches par homme, total : 70. On aura, en outre, dans l'arrondissement de l'armée, dans les places de dépôt de seconde ligne et à moins de 5 marches en arrière, 25 cartouches par homme.

Un bataillon aura donc 4 mulets et demi, dont 3 au corps et 3 demis à l'artillerie et 2 caissons dont un et demi attelé. Ainsi, une division de 12 bataillons aura : 36 mulets avec les corps et appartenant aux corps ; 6 caissons et 6 mulets avec le parc de la division, autant au parc de corps d'armée, et autant au parc général. — Total : 18 caissons et 18 mulets en sus des 36 mulets des corps. Cela fera 18 × 15 000 = 270 000 cartouches attelées ; — 18 × 3 000 = 54 000 sur les mulets de parc : 36 × 3 000 = 108 000 sur les mulets des corps, total : 432 000, — ce qui pour 8 640 fantassins, fait 50 cartouches par homme. Il y aurait, de plus, la valeur de 14 caissons sur les derrières de l'armée à moins de 5 journées de marche.

On voit qu'il faudrait mettre sur voitures le contenu de 2 caissons par bataillon (dont un et demi attelé) ; donc, pour une armée de 100 bataillons, il faudrait 200 caissons d'infanterie dont 150 seulement attelés, ce qui n'exigerait que 750 chevaux (sans compter les haut-le-pied) et 250 mulets de bât, outre les 300 appartenant aux corps. Cela ferait 13 à 1 400 chevaux pour porter les cartouches, ce qui paraît être la moyenne.

Nancy. — Imprimerie Berger-Levrault et Cie.

NANCY, IMPRIMERIE BERGER-LEVRAULT ET Cie

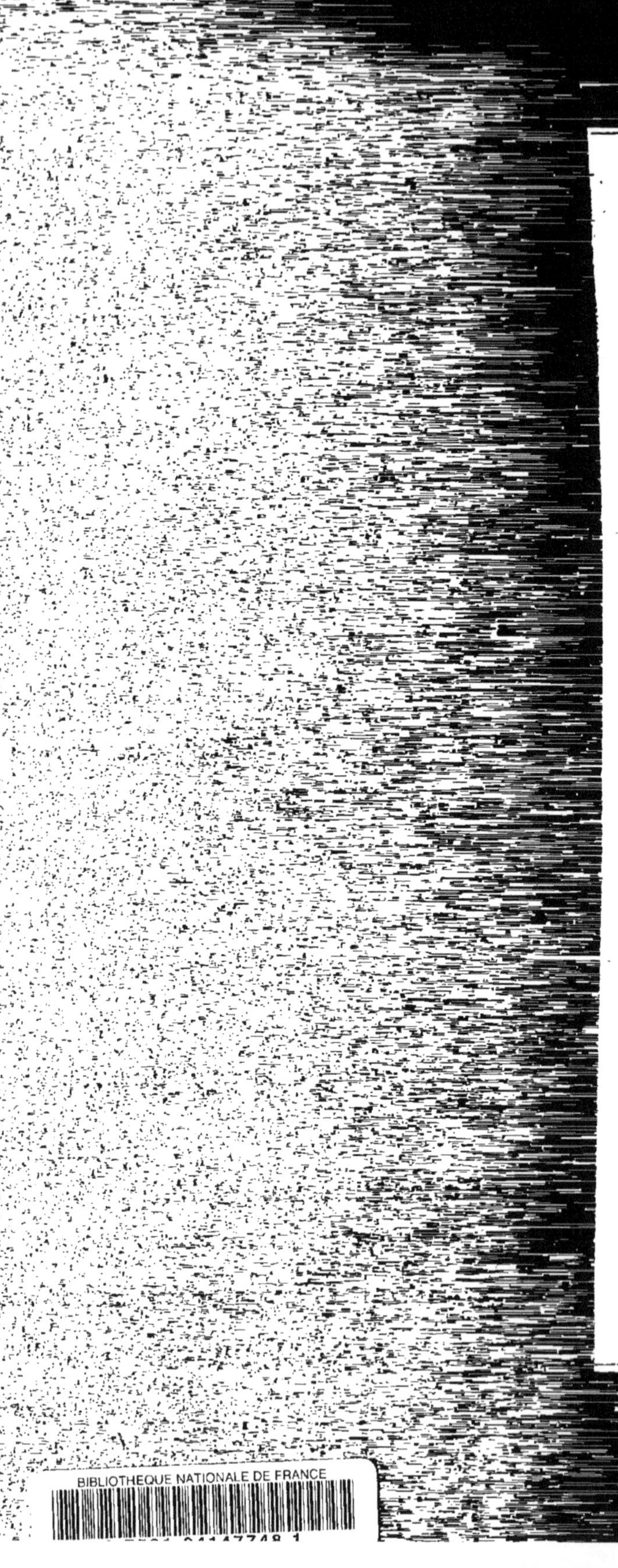

www.ingramcontent.com/pod-product-compliance
Ingram Content Group UK Ltd.
Pitfield, Milton Keynes, MK11 3LW, UK
UKHW021938200726
13855UKWH00007B/1578